L'ANGLAIS DANS VOTRE POCHE

Le MUST des expressions BRITISH

LAROUSSE

LES MINI LAROUSSE

© Larousse, 2018
21, rue du Montparnasse
75283 Paris Cedex 06, France
www.larousse.fr
ISBN : 978 2 03 595210 3

Direction du département Dictionnaires,
Encyclopédies et Périscolaire
Carine Girac-Marinier

Édition
Célia Ceccantini

Direction artistique
Uli Meindl

Conception graphique
Sophie Rivoire

Fabrication
Geneviève Wittmann

SOMMAIRE

1. L'AMOUR ET L'AFFECTION

- **the apple of somebody's eye**
  tenir à quelqu'un comme à la prunelle de ses yeux

Of course she loves all her sons, but John is definitely the apple of her eye. Bien sûr qu'elle aime tous ses fils, mais John est vraiment son préféré.

L'expression anglaise est toujours au singulier (**the apple of *his/her* eye**) et s'applique toujours à une personne, jamais à une chose.

- **to sweep someone off their feet**
  faire perdre la tête à quelqu'un

She was swept off her feet by this dashing captain. Elle est tombée follement amoureuse de ce beau capitaine.

- **to be** or **to fall head over heels (with** or **for someone)**
  être ou **tomber follement amoureux (de quelqu'un)**

They are still head over heels after ten years together. Ils sont toujours éperdument amoureux l'un de l'autre après dix ans de vie commune.

- **to carry a torch for someone**
  en pincer ou **avoir un faible pour quelqu'un**

He's carrying a torch for Sarah, but she shows no interest in him. Il en pince pour Sarah, mais elle ne s'intéresse pas du tout à lui.

2. LES APPRÉCIATIONS

- **to be in someone's good books**
  avoir la cote auprès de quelqu'un,
  être dans les petits papiers de quelqu'un

I'm in his good books at the moment, so I'll ask him if you want. Je suis dans ses petits papiers en ce moment, je lui poserai la question si tu veux.

- **to have been bitten by the bug** (fam)
  avoir le virus ou **la folie de quelque chose**

She's been bitten by the film bug. C'est une mordue de cinéma. I hadn't played chess for years, but now I'm getting the bug again. Je n'avais pas joué aux échecs depuis des années, mais j'ai à nouveau le virus.

- **to get on like a house on fire** (US) or **afire** (fam)
  s'entendre à merveille ou **comme larrons en foire**

Surprisingly, my mother-in-law and I get on like a house on fire. Bizarrement, je m'entends à merveille avec ma belle-mère.

- **to make someone's toes curl**
  donner des frissons de plaisir à quelqu'un

It made her toes curl just listening to his deep voice. Rien que d'écouter sa voix profonde lui donnait des frissons de plaisir.

- **to turn one's nose up at something** (fam)
  faire la fine bouche devant quelque chose

No one would turn up their nose at a job like that. Personne ne refuserait un tel poste.

She turned up her nose at the wine that was offered her. Elle a fait la fine bouche devant le vin qu'on lui offrait.

- **to give someone the cold shoulder**
  snober quelqu'un

I tried to be pleasant to the new neighbours, but they gave me the cold shoulder. J'ai essayé d'être aimable avec les nouveaux voisins, mais ils m'ont snobé.

- **to keep somebody at arm's length**
  tenir quelqu'un à distance

I'd keep him at arm's length if I were you; he hasn't got a very good reputation. À ta place, je le tiendrais à distance ; il n'a pas très bonne réputation.

- **to ruffle someone's feathers**
  froisser ou **irriter quelqu'un**

Be careful not to ruffle the chairman's feathers. He can be very touchy. Faites bien attention de ne pas froisser le président. Il peut être très susceptible.

- **to be bent out of shape** (US)
  être froissé

Sam has been bent out of shape since we left him off the guest list. Sam a été vexé qu'on ne l'ait pas invité.

- **to get up someone's nose** (fam)
  taper sur le système ou **sur les nerfs de quelqu'un**

He really gets up my nose with his stupid talk. Il me tape sur le système avec ses âneries.
That lazy attitude gets right up my nose. C'est le genre d'attitude paresseuse qui m'exaspère.

- **to be a dog in the manger** or **in the manger attitude**
  être un enquiquineur

Jack's a real dog in the manger when it comes to letting people stay in his country house. He never goes there himself any more. Jack est vraiment un enquiquineur : il fait toujours des histoires pour prêter sa maison de campagne alors que lui-même n'y va plus.

> Cette expression provient d'une des fables d'Ésope : un chien s'installe dans une mangeoire et ne laisse pas le bœuf s'approcher du foin que lui-même ne compte pourtant pas manger (les chiens n'étant pas herbivores !). Par analogie, l'expression désigne une personne qui ne laisse pas les autres profiter de ce dont elle n'a pas besoin.

- **to look** or **to shoot** (US) **daggers at someone**
  foudroyer ou **fusiller quelqu'un du regard**

He looked daggers at me when I told everyone he was dieting. Il m'a foudroyé du regard quand j'ai dit à tout le monde qu'il était au régime.

- **to cut someone dead** (fam)
  faire semblant de ne pas voir quelqu'un

I don't know what I've done to displease her, but she cut me dead in the street this morning. Je ne sais pas ce que j'ai fait pour lui déplaire, mais ce matin, dans la rue, elle a fait comme si elle ne me voyait pas.

3. LES OPINIONS

- **to nail one's colours to the mast**
  afficher ou **exprimer une fois pour toutes ses opinions**

With this latest announcement, the party has nailed its colours to the mast on the question of transport. Dans son dernier communiqué, le parti a affiché une fois pour toutes son programme sur la question des transports.

> Au cours d'une bataille navale, un navire voulant abandonner le combat descendait jadis son pavillon en signe de défaite. Impossible de déclarer forfait lorsque le pavillon est cloué au mât.

- **to be in bed with someone** (fam)
  être allié avec quelqu'un de façon officieuse

It's supposed to be a self-governing body, but everyone knows they're in bed with the Government. C'est censé être un organisme indépendant, mais tout le monde sait qu'ils sont du même bord que le gouvernement.

- **to get on one's soapbox**
  enfourcher son cheval de bataille, haranguer les foules

If anyone mentions Americans, she gets on her soapbox and tells everyone how appalling their foreign policy is. Dès que quelqu'un mentionne les Américains, elle enfourche son cheval de bataille et dénonce leur politique étrangère.

> Littéralement : monter sur sa caisse à savon (**soapbox**), c'est-à-dire sur une tribune improvisée, pour faire un discours.

- **to give something one's seal of approval**
  donner son approbation à quelque chose

Simply by turning up at the conference the Minister gave the proposed peace plan his seal of approval. Par sa simple présence à la conférence, le ministre a donné son approbation tacite aux propositions de paix.

- **to see eye to eye (with someone)**
  avoir le même point de vue, voir les choses du même oeil (que quelqu'un), être d'accord (avec quelqu'un)

I won't come to the meeting if Bruce is there. We just don't see eye to eye. Je ne viendrai pas à la réunion si Bruce y est. Nous ne nous entendons pas du tout.

We always saw eye to eye about how to raise our children. Nous avons toujours été d'accord sur la façon d'élever nos enfants.

• to stick to one's guns
rester sur ses positions, tenir bon

He stuck to his guns in spite of all the criticism he received. Il est resté sur ses positions malgré toutes les critiques.

> L'expression fait référence au soldat qui continue à tirer au lieu de s'enfuir devant l'ennemi.

• to vote with one's feet
indiquer sa désapprobation en quittant les lieux

Half the delegates voted with their feet when the party leader started his speech. La moitié des délégués ont quitté la salle quand le leader du parti a entamé son discours.

• to change horses in midstream
se raviser en cours de route

Some of the scientists changed horses in midstream and put forward totally different points of view. Quelques scientifiques se sont ravisés en cours de route et ont présenté des points de vue complètement différents.

• to put or to stick one's oar in (fam)
ramener sa fraise, mettre son grain de sel

We were sorting it out quite nicely until you stuck your oar in. Ça marchait très bien avant que tu ne viennes mettre ton grain de sel.

- **to put one's pennyworth in** or **two cents in** or **to put one's two cents' worth in** (US; fam)
  donner son avis, mettre son grain de sel

Who asked you to put your pennyworth in? Personne ne t'a demandé ton avis.
When it comes to the way we bring up our kids, she always has to put her two cents' worth in. Quand on parle de la façon dont on élève nos enfants, il faut toujours qu'elle vienne mettre son grain de sel.

- **not to pull any punches**
  ne pas y aller de main morte, ne pas mâcher ses mots

The documentary on the scandal certainly doesn't pull any punches. Ils y sont vraiment allés fort dans ce documentaire sur le scandale.
Tell me what you think of my poem and don't pull any punches. Dis-moi ce que tu penses de mon poème et surtout ne mâche pas tes mots.

- **not to mince one's words**
  ne pas mâcher ses mots

She told him what she thought of his work, and she didn't mince her words. Elle lui a dit ce qu'elle pensait de son travail et elle n'a pas mâché ses mots.

- **to have a change of heart**
  changer d'avis

He was going to sack her, but he had a change of heart at the last minute. Il était sur le point de la renvoyer, mais il a changé d'avis à la dernière minute.

- **to be out of tune with someone**

  être en désaccord avec quelqu'un

The MP was out of tune with the rest of his party. Le député était en désaccord avec les autres membres de son parti.

4. LES DIVERTISSEMENTS

- **to let one's hair down**

  se laisser aller, se défouler

The teachers all let their hair down and danced until three in the morning. Tous les professeurs se sont défoulés et ont dansé jusqu'à trois heures du matin.

I'm looking forward to letting my hair down a bit on holiday. J'ai hâte d'être en vacances pour pouvoir me détendre un peu.

Cette expression fait référence au fait qu'autrefois les femmes ne laissaient retomber leurs cheveux que dans l'intimité.

- **to have a blast** (US; fam)

  s'éclater

We had a blast! On s'est vraiment éclatés !

- **to paint the town red**
  faire la noce ou **la foire**

After hearing they'd passed their exams they went out and painted the town red. Quand ils ont su qu'ils avaient été reçus à leurs examens, ils sont allés faire la noce.

- **to be on the tiles** or **out on the tiles** (UK; fam)
  faire la noce, sortir faire la bringue

I used to be on the tiles every night when I was a student. Je faisais la noce tous les soirs quand j'étais étudiant.

L'expression compare ceux qui sortent s'amuser aux chats qui se promènent sur les toits la nuit.

- **when the cat's away the mice will play**
  quand le chat n'est pas là, les souris dansent

The boss is on holiday, so we're all taking it easy. When the cat's away the mice will play! Le chef est en vacances, alors on se la coule douce. Quand le chat n'est pas là, les souris dansent !

5. LE BONHEUR

- **to be on top of the world**
  être en pleine forme

That medicine is marvellous. I feel on top of the world. Ce médicament est formidable. Je suis en pleine forme.

- **to be walking on air**
  être aux anges

He's been walking on air ever since he met Julia. Il est aux anges depuis qu'il a rencontré Julia.

- **to be on cloud nine** (fam)
  être aux anges ou **au septième ciel**

When I was first chosen to play for my country, I was on cloud nine. La première fois que j'ai été choisi pour jouer pour mon pays, j'étais vraiment aux anges.

- **to be over the moon** (UK; fam)
  être ravi ou **aux anges**

She's over the moon to be pregnant at last. Elle est ravie d'être enfin enceinte.

> L'image est celle d'une personne sautant de joie si haut qu'elle pourrait passer par-dessus la lune.

6. LA TRISTESSE

- **with one's heart in one's boots**
  complètement abattu, la mort dans l'âme

I left the interview room with my heart in my boots, knowing I'd not made a good impression. Je quittai la salle d'entretien la mort dans l'âme car je savais que je n'avais pas fait bonne impression.

- **to hit rock bottom**
  toucher le fond

I had been depressed for a while, but a few months after mother's death I hit rock bottom. J'étais déjà déprimé depuis un certain temps, mais quelques mois après la mort de ma mère, j'ai touché le fond.

- **to be in the doldrums**
  avoir le cafard ou **le moral à zéro, broyer du noir**

I'm feeling a bit in the doldrums today; it must be the weather. J'ai un peu le cafard aujourd'hui ; ce doit être à cause du temps.

> Le terme **doldrums** désigne la zone des calmes équatoriaux, où les vents sont faibles et où les bateaux à voile ont donc du mal à avancer.

- **to be down in the mouth**
  être tout triste ou **déprimé**

He had never seen her so down in the mouth. "Cheer up," he said. Il ne l'avait jamais vue aussi triste. « Ne fais pas cette tête », dit-il.

7. LA PEUR

- **to brick it**
  avoir les jetons

They were absolutely bricking it when they saw the cops coming. Ils avaient vraiment les jetons quand ils ont vu les flics approcher.

- **to get cold feet** (fam)
  avoir les jetons ou **la trouille** ou **la frousse**

We were going to take part in the dancing competition, but my partner got cold feet at the last minute. On devait participer au concours de danse, mais au dernier moment ma partenaire a eu la trouille.

- **to scare the pants off someone** (fam)
  foutre une trouille pas possible à quelqu'un, faire une peur bleue à quelqu'un

He scared the pants off me with ghost stories. Il m'a foutu une de ces trouilles avec ses histoires de fantômes !
The thought of going up in a balloon scares the pants off me. L'idée de monter dans une montgolfière me fiche une trouille pas possible.

- **to get** or **to have the wind up** (fam)
  avoir une peur bleue ou **la trouille** ou **la frousse**

His opponent had got the wind up and played badly as a result. Son adversaire avait la frousse et du coup il a mal joué.

- **to have one's heart in one's mouth**
  avoir le coeur qui bat la chamade

She moved along the dark corridor, her heart in her mouth. Elle avançait le long du couloir obscur, le coeur battant la chamade.
He got up to make his speech with his heart in his mouth. Il était mort de trac quand il s'est levé pour faire son discours.

- **to blow someone away** (fam)
  en boucher un coin à quelqu'un

She just blew me away. I was so impressed I offered her the job immediately. Elle m'en a vraiment bouché un coin. Elle m'a tellement impressionné que je l'ai embauchée sur-le-champ.

- **to come out of left field**
  être complètement inattendu

The chairman's announcement that he was to resign came out of left field. Personne ne s'attendait à ce que le directeur annonce qu'il allait démissionner.

Il s'agit d'une expression issue du monde du base-ball : les batteurs renvoient moins de balles dans la partie gauche du champ, appelée **left field**, d'où l'effet de surprise quand cela se produit.

- **to raise eyebrows**
  choquer, faire tiquer, étonner

She certainly raised a few eyebrows by getting married in a black dress. Elle a fait tiquer pas mal de gens en se mariant en robe noire.
He caused a few raised eyebrows among physicists with his assertion that a working time machine could be built. Il a étonné beaucoup de physiciens quand il a déclaré qu'il était possible de construire une machine à voyager dans le temps.

- **to knock someone for six** (UK; fam)
  abasourdir quelqu'un, faire un choc à quelqu'un

His death knocked her for six. She took years to recover. Sa mort a été un choc terrible pour elle. Elle a mis des années à s'en remettre.

Il s'agit d'une expression issue du cricket.

- **out of the blue**
  sans prévenir, de manière complètement inattendue

She appeared again out of the blue after fifteen years' absence. Elle est réapparue sans prévenir après quinze ans d'absence.

The job offer came out of the blue. La proposition de travail est tombée du ciel.

The blue fait référence au ciel bleu. L'image est celle d'un éclair qui frappe un jour de beau temps.

9. LA COLÈRE

- **to be fed up to the back teeth** (fam)
  en avoir ras le bol

The nurses are fed up to the back teeth with all the administration they have to do. Les infirmières en ont ras le bol de toute la paperasserie dont elles doivent s'occuper.

- **to be at the end of one's tether**
  être à bout (de nerfs, de patience)

I'm at the end of my tether with these children. Ces enfants me poussent à bout, je ne sais plus quoi faire.

Littéralement : avoir atteint le bout de sa longe. Quand l'herbe à portée de l'animal attaché est épuisée, il tire sur sa longe pour tenter de brouter plus loin.
Attention : cette expression n'est pas l'équivalent du français être au bout du rouleau.

- **to be like a red rag to a bull to someone**
  avoir le don d'énerver quelqu'un ou **de mettre quelqu'un hors de soi**

The boss hated mobile phones, and the sight of one in the office was like a red rag to a bull. Le patron détestait les téléphones portables, et quand il en voyait dans le bureau, ça avait le don de l'énerver.
Saying that to her was like a red rag to a bull. Elle a vu rouge quand on lui a dit ça.

- **to make somebody's blood boil**
  mettre quelqu'un hors de soi

It makes my blood boil to see how people are ruining the countryside. Ça me met hors de moi de voir à quel point on défigure la campagne.

- **to hit the ceiling** or **the roof** (fam)
  sortir de ses gonds, piquer une crise, péter les plombs

When he saw the telephone bill, he hit the ceiling. Quand il a vu la note de téléphone, il a piqué une crise.

My Mum will hit the roof when I tell her what I've done to her car. Ma mère va piquer une crise quand je vais lui raconter ce que j'ai fait à la voiture.

- **to go off the deep end** (fam)
  piquer une crise, sortir de ses gonds

I knew he wouldn't be very happy, but I had no idea he was going to go off at the deep end like that. Je savais qu'il ne serait pas content, mais je ne m'imaginais pas qu'il allait piquer une telle crise.

- **to flip one's lid** (UK) or **one's wig** (US)
  craquer, piquer une crise, sortir de ses gonds

When she heard what he's been saying about her she completely flipped her lid. Quand elle a entendu ce qu'il avait dit d'elle, elle est sortie de ses gonds.

- **to fly off the handle**
  piquer une crise

She flies off the handle without any warning. Elle pique subitement des crises.

> L'expression fait allusion au manche d'un marteau qui, si l'on frappe trop fort, peut se détacher de la tête du marteau.

- **to lose it**
  piquer une crise

I knew he'd be angry, but I had no idea he'd lose it like that. Je savais bien qu'il ne serait pas content, mais je n'imaginais pas qu'il piquerait une telle crise.

- **to go ballistic** (fam)
  piquer une crise

When I told him what had happened to the car, he went ballistic. Quand je lui ai dit ce qui était arrivé à la voiture, il a piqué une crise.

- **to blow one's top** or **cork** (US) or **a fuse** (fam)
  exploser (de rage), sortir de ses gonds, piquer une crise

Don't blow your top. I've said I'm sorry and I'm sure I can fix it. Calmez-vous. Je me suis excusé, et je suis sûr de pouvoir réparer ça.
Don't let him see you smoking or he'll blow his cork. Il ne faut pas qu'il te voit fumer sinon il va piquer une crise.

- **to be** or **to get hot under the collar** (fam)
  être ou **se mettre dans tous ses états, être** ou **se mettre en rogne**

There's no need to get so hot under the collar. I'm just slower than you, that's all. Ça ne sert à rien de t'énerver comme ça. Je suis plus lent que toi, c'est tout.

I was trying to offer her my help but she jumped down my throat before I had a chance. J'essayais de lui proposer mon aide mais elle m'a rembarré avant que j'ai eu le temps de dire quoi que ce soit.

I was about to say, before you jumped down my throat, that I'm not blaming you. Avant que tu ne me sautes à la gorge, j'allais dire que je te comprends.

- **to throw the book at someone**
  passer un savon à quelqu'un

The head teacher threw the book at him for playing truant. Le principal lui a donné la punition maximale parce qu'il a fait l'école buissonnière.

L'expression fait référence au Code pénal.

- **to get it in the neck** (fam)
  en prendre pour son grade, dérouiller

I don't know why I should get it in the neck. It wasn't me that broke the window. Je ne vois pas pourquoi c'est moi qui écoperais. Ce n'est pas moi qui ai cassé la vitre.

13. LE CONTRÔLE ET LA MANIPULATION

- **to have someone eating out of one's hand**
  faire ce que l'on veut de quelqu'un, faire faire ce que l'on veut à quelqu'un

She used all her charm on him and now she's got him eating out of her hand. Elle s'est servie de son charme, et maintenant elle fait de lui ce qu'elle veut.

- **to wrap** or **to twist someone round one's little finger**
  faire ce que l'on veut de quelqu'un, mener quelqu'un par le bout du nez

She wraps him round her little finger. He buys her everything she asks for. Elle en fait ce qu'elle veut : elle n'a qu'à demander et il achète.

- **to twist someone's arm**
  exercer une pression sur quelqu'un, forcer la main à quelqu'un

He accepted but some people say he may have had his arm twisted. Il a accepté mais certains disent qu'il se peut qu'on lui ait forcé la main.

"Have another drink." "Oh go on then, you've twisted my arm." « Prends un autre verre. » « Bon, d'accord, je crois que je vais me laisser faire. »

- **to be in the saddle**
  tenir les rênes

The company should do well now that James Johnston is in the saddle. L'entreprise devrait bien marcher maintenant que James Johnston en tient les rênes.

- **to run a tight ship**
  diriger d'une main ferme

With six children in the family we need to run a tight ship. Avec six enfants, il nous faut être très organisés.

14. LA REVANCHE ET LA VENGEANCE

- **to pay someone back in their own coin**
  rendre à quelqu'un la monnaie de sa pièce

Pay him back in his own coin; see how he likes being insulted in front of everyone. Tu n'as qu'à lui rendre la monnaie de sa pièce ; on verra bien s'il apprécie d'être insulté devant tout le monde.

- **to get one's own back**
  se venger, prendre sa revanche

Don't think you can get away with it – I'll get my own back on you! Ne crois pas que tu vas t'en tirer comme ça. Je me vengerai !

- **to give someone a taste of their own medicine**
  rendre à quelqu'un la monnaie de sa pièce

I decided to give my husband a taste of his own medicine and have an affair of my own. J'ai décidé de rendre la monnaie de sa pièce à mon mari et d'avoir une liaison moi aussi.

15. LA TROMPERIE

- **a wolf in sheep's clothing**
  un loup déguisé en agneau

His boss seems amiable enough, but he could easily turn out to be a wolf in sheep's clothing. Son patron a l'air aimable, mais il cache peut-être bien son jeu.

- **to lead someone up the garden path**
  faire marcher quelqu'un, mener quelqu'un en bateau

He's leading you up the garden path. He has no intention of buying your house. Il vous mène en bateau : il n'a pas du tout l'intention d'acheter votre maison.

- **to pull somebody's leg**
  faire marcher quelqu'un

Come on, I was just pulling your leg! How can you believe such nonsense? Allons, je te faisais marcher ! Comment est-ce que tu peux croire à de telles salades ?

- **to pull the wool over someone's eyes**
  faire croire n'importe quoi à quelqu'un, berner ou **duper quelqu'un**

You can't pull the wool over my eyes. I know what's going on. Je ne me laisserai pas duper. Je sais ce qui se passe.

> **The wool** était une perruque portée autrefois par les riches. Un voleur ou un plaisantin pouvait les désorienter en tirant la perruque sur leur visage.

• to lie through one's teeth
mentir effrontément

"Don't worry, you look great," said Fiona, lying through her teeth. « Ne t'en fais pas, tu es superbe », dit Fiona en mentant effrontément.

Attention : cette expression n'indique pas que l'on ment du bout des lèvres mais, au contraire, sans ciller, avec aplomb.

• to sell someone down the river (fam)
trahir ou **vendre quelqu'un**

The workers felt their union had sold them down the river by agreeing to such a poor pay deal. Les ouvriers ont eu l'impression d'avoir été trahis par leur syndicat quand celui-ci a accepté une très faible augmentation de salaire.

He was tempted to sell his accomplices down the river and then make off with the loot. Il a été tenté de vendre ses complices et de partir avec le butin.

Cette expression idiomatique fait allusion aux esclaves que l'on transportait sur le Mississippi jusqu'aux marchés aux esclaves de la Nouvelle-Orléans.

• to take someone to the cleaners (fam)
plumer quelqu'un, nettoyer quelqu'un

His ex-wife really took him to the cleaners in the divorce settlement. Il s'est vraiment fait nettoyer par son ex-femme lors du règlement des conditions de divorce.

16. L'ENTRAIDE

- **to bend** or **to lean over backwards** or **backward** (US)
  se mettre en quatre, faire tout son possible

Our parents leant over backwards to help us, but we still had to sell our house. Nos parents ont fait tout leur possible pour nous aider, mais il a quand même fallu que nous vendions notre maison.

- **to give** or **to lend someone a hand**
  donner un coup de main à quelqu'un

Could you give me a hand with this box, please? Est-ce que tu peux me donner un coup de main pour porter cette boîte, s'il te plaît ?

> **Attention : to give somebody a (big) hand** peut également vouloir dire applaudir quelqu'un (bien fort).

- **to get someone off the hook**
  tirer quelqu'un d'affaire

She hired an expensive lawyer to get her off the hook. Elle a embauché un avocat très cher pour la tirer d'affaire.

- **to give someone a leg up** (fam)
  donner un coup de pouce à quelqu'un

Your uncle runs this firm, doesn't he? Do you think he could give me a leg-up? C'est bien ton oncle qui dirige la boîte, n'est-ce pas ? Est-ce que tu crois qu'il pourrait me donner un coup de pouce ?

17. L'APPARENCE

- **to look like death warmed up** (fam)
  avoir une mine de déterré, être en piteux état

You definitely need a holiday – you look like death warmed up. Tu as vraiment besoin de vacances – tu as une mine de déterré.

- **to look like something the cat brought in** or **dragged in**
  avoir l'air lamentable, être en piteux état

You can't go out like that. You look like something the cat brought in. Tu ne peux pas y aller comme ça. Tu ne ressembles à rien. Just look at you! You look like something the cat dragged in! Non mais regarde-toi ! Tu as l'air de quoi !

Pour décrire quelqu'un à l'apparence négligée, cette expression évoque les animaux morts, généralement peu ragoûtants, que les chats ramènent à la maison.

- **to look like a million dollars**
  être superbe

Darling, you look like a million dollars in that outfit. Ma chérie, tu es magnifique dans cette tenue.

En remplaçant **to like** par **to feel**, on met l'accent sur le sentiment d'épanouissement : **I felt like a million dollars in that dress.** Je me sentais merveilleusement bien dans cette robe.

- **to be knee-high to a grasshopper** (fam)
  être haut comme trois pommes

My father told me that story when I was knee-high to a grasshopper. Mon père m'a raconté cette histoire quand j'étais haut comme trois pommes.

- **to be all skin and bones**
  n'avoir que la peau sur les os

She used to have a lovely figure but she's all skin and bone since she went on that diet. Avant, elle avait une jolie silhouette mais depuis qu'elle s'est mise au régime, elle n'a plus que la peau sur les os.

On peut également parler de **a bag of bones** (un sac d'os).

18. L'ÂGE

- **no spring chicken** (fam)
  plus de la première jeunesse, plus tout jeune

She's no spring chicken, but she still goes hiking every weekend. Elle n'est plus de la première jeunesse, mais elle continue à faire des randonnées tous les week-ends.

- **to be long in the tooth** (fam)
  ne plus être tout jeune ou **de la première jeunesse**

You're not marrying Sandra, surely? She's a bit long in the tooth, isn't she? Tu ne vas tout de même pas épouser Sandra ? Elle n'est plus de la première jeunesse.

On peut estimer l'âge d'un cheval à la longueur de ses dents. En général, plus les dents sont longues, plus le cheval est âgé.

• to be over the hill (fam)

ne plus être de la première jeunesse, (commencer à) se faire vieux

Isn't he a bit over the hill to be taking up skiing? Il n'est pas un peu vieux pour se mettre au ski ?

Some people say you're over the hill at fifty, but that's precisely when your experience makes you a valuable employee. Certains disent qu'à cinquante ans on a fait son temps, mais c'est précisément à cet âge-là que l'on a acquis une expérience précieuse.

Littéralement : être arrivé en haut de la colline et amorcer la descente.

• to be as old as the hills

dater de ou **être vieux comme Mathusalem**

My former English teacher must be as old as the hills by now. Mon ancien professeur d'anglais doit être vieux comme Mathusalem maintenant.

That song's as old as the hills. My grandfather used to sing it. Cette chanson ne date pas d'hier. Mon grand-père la chantait déjà.

19. LA PRISE DE RISQUES

- **to go out on a limb**
  prendre des risques

She went out on a limb and supported the policy, even though all her colleagues were against it. Elle a pris des risques en soutenant cette mesure en dépit du fait que ses collègues étaient tous contre.

> Dans cette expression, l'image est celle d'une personne s'aventurant sur une branche d'arbre.

- **to stick one's neck out**
  s'avancer, prendre des risques

I don't see why I should stick my neck out to protect him. He's not a friend. Je ne vois pas pourquoi je prendrais des risques pour le protéger. Ce n'est pas un ami.

- **to sail close to the wind**
  jouer un jeu dangereux

She was sailing dangerously close to the wind by seeing so much of her husband's best friend. Elle jouait un jeu dangereux en passant autant de temps en compagnie du meilleur ami de son mari.

> Si on navigue au plus près, c'est-à dire presque contre le vent, le bateau risque de chavirer.

• to dice with death (UK)

risquer ou **jouer avec sa vie**

Many people experiment with the drug, not knowing they are dicing with death. Beaucoup de gens essaient cette drogue, sans savoir qu'ils jouent avec leur vie.

Nadal was dicing with death with that last shot. Nadal a vraiment pris un gros risque avec ce dernier coup.

• better the devil you know

mieux vaut se contenter de ce que l'on a que de prendre le risque de trouver pire

I'm not keen on him as chairman, but I think I'll vote for him. Better the devil you know, after all. Je ne l'aime pas trop en tant que directeur, mais je pense que je vais voter pour lui. Sinon on risquerait de se retrouver avec quelqu'un de pire.

> L'expression anglaise est la forme tronquée du proverbe **better the devil you know than the devil you don't know** : mieux vaut un danger que l'on connaît qu'un danger que l'on ne connaît pas.

• a leap in the dark

un saut dans l'inconnu

Marrying someone you've never met before is taking a leap in the dark. C'est faire un saut dans l'inconnu que de se marier avec quelqu'un que l'on n'a jamais vu.

- **on a wing and a prayer**
  Dieu sait comment

He did it on a wing and a prayer. Il l'a fait en s'en remettant à la providence.

He passed his exam on a wing and a prayer. Il a eu son examen par un coup de chance.

Il s'agit d'une référence à une chanson des années 1940, à propos d'un pilote d'avion.

- **to skate on thin ice**
  toucher à un sujet délicat, avancer en terrain miné

He knew he was skating on thin ice, but he couldn't help teasing her about her weight. Il savait qu'il avançait en terrain miné, mais il n'a pas pu s'empêcher de la taquiner à propos de son poids.

20. LES EXCÈS

- **to make a pig of oneself**
  se goinfrer, s'empiffrer

Alison made a real pig of herself – she ate her own meal then finished off mine too. Alison s'est complètement empiffrée – elle a mangé tout ce qu'elle avait dans son assiette avant de terminer la mienne.

- **to fall off the wagon**
  commettre des excès, reprendre une mauvaise habitude

After 12 years of not drinking, she fell off the wagon. Après 12 ans sans boire d'alcool, elle a replongé.

- **to be on the wagon** (fam)
  être au régime sec

Don't offer him a drink. He's on the wagon. Ne lui offre pas à boire, il est au régime sec.

> Au départ, cette expression d'origine américaine était **on the water wagon**, terme qui désignait le chariot qui transportait la citerne d'eau.

- **to wet one's whistle** (fam)
  boire un coup, se rincer le gosier

He always used to nip into the pub to wet his whistle after work. Il passait toujours boire un coup au pub après le boulot.

- **to drink like a fish**
  boire comme un trou

He drank like a fish all his life, but it didn't do him any harm. Il a bu comme un trou toute sa vie, mais il a bien tenu le coup.

- **to be three sheets to the wind** (fam)
  être ivre, avoir du vent dans les voiles

He rolled home at two in the morning, three sheets to the wind. Il s'est pointé à la maison à deux heures du matin avec pas mal de vent dans les voiles.

• to break the mould

innover, rompre avec la tradition, sortir des sentiers battus, faire œuvre de précurseur

Classical violinists had never appealed much to teenage audiences until he came along and broke the mould. Jusqu'à présent les jeunes n'avaient jamais été très attirés par les violonistes classiques, mais lui a renversé la tendance.

• to turn the tables

reprendre l'avantage, retourner la situation

By some clever manoeuvring the Prime Minister was able to turn the tables on his opponents. Le Premier ministre a réussi à reprendre l'avantage sur ses adversaires par une manœuvre habile.

"Now the tables are turned," she said, snatching the gun from his hand and pointing it at him. « Maintenant les rôles sont inversés », s'écria-t-elle en lui arrachant son revolver et en le braquant sur lui.

• to take the rough with the smooth

prendre les choses comme elles viennent

Relationships go up and down. You've got to learn to take the rough with the smooth. Il y a des hauts et des bas dans tous les couples. Il faut prendre les choses comme elles viennent.

- **to take the bad with the good**
  prendre les choses comme elles viennent

You have to take the bad with the good. It's hard, but it's worth it. Il faut prendre les choses comme elles viennent, bonnes ou mauvaises. C'est difficile, mais ça vaut le coup.

- **the worm has turned**
  en avoir assez de se laisser mener par le bout du nez ou **de se faire marcher sur les pieds**

Ever since I came here, you have treated me like dirt! Well, the worm has turned at last! Depuis que je suis arrivé ici, tu me traites comme un chien ! Eh bien, j'en ai assez de me faire marcher sur les pieds !

- **to be in a rut**
  s'enliser dans la routine

I'm in a rut. I need a new job. Je suis en train de m'encroûter. Il faut que je change de boulot.

- **you can't teach an old dog new tricks**
  les vieilles habitudes ont la vie dure

They say you can't teach an old dog new tricks, but Mary, aged 75, is living proof that it's never too late to learn computer skills. On dit que les vieilles habitudes ont la vie dure mais Mary, qui a 75 ans, est la preuve vivante qu'il n'est jamais trop tard pour se mettre à l'ordinateur.

- **to turn over a new leaf**
  changer de conduite, s'acheter une conduite

It seems he's decided to turn over a new leaf – let's hope it lasts. Il semblerait qu'il ait décidé de changer de conduite ; pourvu que ça dure.

> **Attention** : cette expression n'est pas l'équivalent de tourner la page.

- **pigs might fly** or **when pigs fly**
  quand les poules auront des dents

He said he would give the money back soon. – Pigs might fly! Il a dit qu'il rembourserait bientôt. – Autant dire quand les poules auront des dents !

22. LE PASSÉ

- **to rake over the ashes**
  remuer le passé

He wanted to forget about their past problems, but she insisted on raking over the ashes. Il voulait tirer un trait sur les problèmes qu'ils avaient eus, mais elle continuait à remuer le passé.

> Littéralement : tisonner les braises (pour ranimer le feu).

- **it's a blast from the past** (fam)
  ça me/nous ramène des années en arrière

The Beatles' first hit – now there's a blast from the past! Le premier succès des Beatles – voilà qui nous ramène pas mal d'années en arrière !

- **to put** or **to turn the clock back**
  revenir en arrière

If you could turn the clock back, would you change anything about your past? Si tu pouvais revenir en arrière, est-ce que tu changerais quelque chose à ta vie ?

It would be putting the clock back nearly forty years to reintroduce capital punishment. Rétablir la peine de mort, ce serait revenir quarante ans en arrière.

- **to go down memory lane**
  se plonger dans ses souvenirs, se rappeler de vieux souvenirs

We often get together for a chat and a trip down memory lane. Nous nous retrouvons souvent pour bavarder et évoquer nos souvenirs.

This television programme about the 1960s will take viewers on a trip down memory lane. Cette émission sur les années 1960 rappellera de vieux souvenirs aux téléspectateurs.

- **that's all water under the bridge**
  c'est du passé

That's all water under the bridge. We get on really well now. C'est du passé tout ça. On s'entend très bien maintenant.

Ceci est l'abréviation de l'expression **a lot of water has passed under the bridge since then.**

- **to be cut from the same cloth**
  être coulé dans le même moule

Don't assume all women are cut from the same cloth. Ne crois pas que les femmes sont toutes les mêmes.

- **to be (as alike as** or **like) two peas in a pod**
  se ressembler comme deux gouttes d'eau

Five years separate the brothers, yet they're as alike as two peas in a pod. Les deux frères ont cinq ans de différence, mais ils se ressemblent comme deux gouttes d'eau.

- **to be poles apart**
  n'avoir rien en commun, être diamétralement opposé ou **complètement différent**

We get on well together, but we have always been poles apart in matters of taste. Nous nous entendons bien, mais nous avons toujours eu des goûts complètement différents.

Their positions on disarmament are poles apart. Leurs positions sur le désarmement sont diamétralement opposées.

- **to be like** or **as different as chalk and cheese**
  être comme le jour et la nuit

The two brothers may look alike, but they're like chalk and cheese when it comes to personality. Les deux frères ont beau se ressembler physiquement, en ce qui concerne leur personnalité, c'est le jour et la nuit.

- **that's a different kettle of fish**
  c'est une autre affaire ou **une autre paire de manches**

Having knowledge is one thing but being able to communicate it to others is another kettle of fish. C'est une chose d'avoir des connaissances, mais être capable de les transmettre à d'autres personnes, c'est une autre paire de manches.

24. LA SUPÉRIORITÉ

- **to be head and shoulders above someone**
  surpasser quelqu'un, éclipser quelqu'un

She's not such a great actress. Glenda is head and shoulders above her. Ce n'est pas une si bonne actrice que ça. Glenda est bien meilleure.

- **to have** or **to eat someone for breakfast**
  (UK; fam)
  ne faire qu'une bouchée de quelqu'un

Have you seen the size of your opponent? He'll have you for breakfast. Tu as vu la taille de ton adversaire ? Il ne va faire qu'une bouchée de toi.

- **to knock spots off someone** or **something**
  (UK; fam)
  être bien meilleur que quelqu'un, être bien supérieur à quelqu'un ou **quelque chose**

He can knock spots off me at chess. Il me bat à plates coutures aux échecs.

Their new model of computer knocks spots off the competition. Leur dernier modèle d'ordinateur est bien supérieur à tout ce que peuvent offrir leurs concurrents.

- **to put someone** or **something in the shade**
  éclipser quelqu'un ou **quelque chose**

Her cooking really puts mine in the shade. Elle est bien meilleure cuisinière que moi.

He put every other Shakespearean actor in the shade. Il éclipse tous les autres interprètes de Shakespeare.

- **to wipe the floor with someone** (fam)
  battre quelqu'un à plates coutures

"Did you win?" "No way, they wiped the floor with us." « Vous avez gagné ? » « Ça risque pas ! Ils nous ont battus à plates coutures ».

25. LA VANITÉ

- **to be too big for one's boots** (fam)
  ne pas se prendre pour n'importe qui, avoir la grosse tête, avoir les chevilles qui enflent

She's too big for her boots, that one. She needs telling who's boss. Mais pour qui elle se prend celle-là ? Il faudrait lui rappeler qui commande ici.

- **to blow one's own trumpet** or **horn** (US)
  chanter ses propres louanges, se vanter

He's very good at blowing his own trumpet. Unfortunately, he's got no good reason for it. Il n'arrête pas de se vanter bien qu'il n'ait aucune raison de le faire.

- **to think one is the bee's knees** (UK; fam)
  ne pas se prendre pour n'importe qui

That girl thinks she's the bee's knees. Cette fille ne se prend pas pour n'importe qui.

- **to throw one's weight about** or **around**
  faire l'important

As soon as he was promoted he started throwing his weight about. Dès qu'il a été promu, il s'est mis à bousculer son monde. Don't come here throwing your weight about! This is my house. Ne venez pas donner des ordres ici ! Je suis chez moi.

26. LA DÉTERMINATION

- **to give one's right arm for something**
  donner n'importe quoi pour quelque chose

I'd give my right arm for that job. Je donnerais n'importe quoi pour obtenir ce boulot.

La plupart des gens étant droitiers, le bras droit représente ici ce que l'on a de plus précieux.

- **to leave no stone unturned**
  remuer ciel et terre

They left no stone unturned in their search for incriminating evidence. Ils ont remué ciel et terre pour trouver des pièces à conviction.

- **come hell or high water** (fam)
  coûte que coûte, quoi qu'il arrive

I'll do it tomorrow, come hell or high water. Je le ferai demain, quoi qu'il arrive.

- **to grasp the nettle**
  prendre le taureau par les cornes

It's time the council grasped the nettle and took a decision. Il serait temps que le conseil régional prenne le taureau par les cornes et se décide.

- **to bite the bullet** (fam)
  serrer les dents

Decisions have to be taken, and as director, you have got to bite the bullet. Il faut prendre des décisions, et en tant que directeur, c'est à vous de prendre le taureau par les cornes.

Littéralement : mordre la balle. Lorsque les produits anesthésiques n'existaient pas, les médecins militaires demandaient aux soldats blessés de mordre une balle de fusil pour qu'ils supportent mieux la douleur.

- **to put one's foot down**
  faire acte ou **preuve d'autorité, de fermeté**

You'll have to put your foot down, otherwise he'll just take advantage of you. Ne vous laissez pas faire, autrement il profitera de vous.

27. LES DÉCISIONS ET L'INDÉCISION

• to sleep on it

remettre sa décision au lendemain

If you're not sure what to do just now, then sleep on it. Si tu ne sais pas trop quoi faire maintenant, donne-toi jusqu'à demain pour réfléchir.

• a Catch-22 (situation)

un cercle vicieux, une situation sans issue

It's a Catch-22 situation: you can't get a job without experience but you can't get experience without a job. C'est un véritable cercle vicieux : tu ne peux pas trouver de travail si tu n'as pas d'expérience mais tu ne peux pas acquérir de l'expérience si tu ne travailles pas.

Catch 22 est le titre d'un roman de Joseph Heller paru en 1961, dans lequel un jeune pilote américain qui ne veut plus combattre se fait passer pour fou. Mais on lui dit que s'il veut arrêter le combat, c'est qu'il est suffisamment sain d'esprit et lucide pour savoir qu'il risque d'y mourir. Il est donc obligé de continuer.

- **to be (caught) between a rock and a hard place**
  se trouver face à un dilemme

I had to decide whether to commute for hours, or work for less money at home. I was caught between a rock and a hard place. Je devais choisir entre passer des heures à faire le trajet tous les jours, ou travailler à la maison et gagner moins d'argent. C'était un vrai dilemme.

- **to be in a cleft stick** (UK)
  se trouver entre l'enclume et le marteau, être dans une impasse

She was in a cleft stick. If things went well her boss would take the credit, and if things went badly she would get the blame. Elle se trouvait entre l'enclume et le marteau : si tout allait bien son chef s'attribuerait tout le mérite, et si ça se passait mal, ça retomberait sur elle.

- **to think on one's feet**
  réfléchir vite et bien

You have to be able to think on your feet if you want to work in stocks and shares. Pour être opérateur en Bourse, il faut être capable de prendre des décisions très rapidement.

- **to um and aah**
  hésiter, se tâter

He ummed and aahed about whether to go to the party or not. Il a mis un temps infini pour décider s'il irait à la fête ou non.

Les « **um** » et les « **aah** » sont censés être les sons émis par ceux qui réfléchissent et essaient de parvenir à une décision.

28. LA COMPRÉHENSION ET L'INCOMPRÉHENSION

- **to get one's head around something** (fam)
  piger quelque chose

I can't get my head round this video recorder. Je n'arrive pas à piger comment fonctionne ce magnétoscope.

- **to put two and two together**
  faire le rapport ou **le rapprochement**

After a while, I started putting two and two together and realized he must be having an affair. Au bout d'un moment, j'ai commencé à faire le rapport et j'en ai conclu qu'il devait avoir une maîtresse.

- **the penny dropped** or **has dropped** (UK)
  finir par comprendre, faire tilt

By the time he got home the penny had dropped – she had been trying to tell him it was over between them. En rentrant chez lui, ça a fait tilt : elle avait essayé de lui faire comprendre que c'était fini entre eux.

- **to get hold of** or **to get the wrong end of the stick** (fam)
  mal comprendre

People who think the song is about ecstasy have got the wrong end of the stick. Ceux qui croient qu'il s'agit d'ecstasy dans cette chanson ont mal compris.

- **to get one's wires crossed**
  mal se comprendre

We seem to have got our wires crossed: I meant Paul Smith, not Paul Jones. Je crois que nous nous sommes mal compris : je parlais de Paul Smith et non de Paul Jones.

Il s'agit d'une allusion aux fils téléphoniques mal connectés.

29. LA CONNAISSANCE

- **to know one's onions** (fam)
  connaître son affaire

Before you start building an extension you should get some advice from someone who knows his onions. Avant d'entreprendre d'agrandir la maison, vous feriez bien de demander conseil à quelqu'un qui s'y connaît.

Cette expression n'a rien à voir avec s'occuper de ses oignons.

- **to know something like the back of one's hand**
  connaître quelque chose comme sa poche

I know this city like the back of my hand. Je connais cette ville comme ma poche.

- **to have green fingers** (UK) or **a green thumb** (US)
  avoir la main verte

She's got green fingers – she can make anything grow anywhere. Elle a la main verte – elle peut faire pousser n'importe quoi n'importe où.

- **to read someone like a book**
  toujours savoir ce que pense quelqu'un

I know you're lying – I can read you like a book. Je sais que tu mens, tu ne peux rien me cacher.

- **to hear something from the horse's mouth** or **straight from the horse's mouth**
  apprendre quelque chose de source sûre ou **du premier/de la première intéressé(e)**

She had it from the horse's mouth that the Minister intended to resign. C'est du ministre lui-même qu'elle avait appris sa démission prochaine.

Pour se faire une idée de l'âge d'un cheval, la meilleure façon est de lui examiner les dents.

- **to hear something on the grapevine**
  apprendre quelque chose par des rumeurs ou **des bruits de couloir**

I heard on the grapevine that they're looking for a new manager. J'ai appris par des rumeurs qu'ils cherchent un nouveau directeur.

Les premières lignes télégraphiques aux États-Unis étaient si mal installées que parfois les fils s'entremêlaient et l'ensemble ressemblait à des pieds de vigne. D'où le terme **grapevine telegraph** qui est à l'origine de l'expression.

- **to pick someone's brains** (fam)
  avoir recours aux lumières de quelqu'un

I was wondering if I could pick your brains – I want to buy a new computer and I haven't a clue where to start. J'aurais besoin de tes lumières – je voudrais acheter un nouvel ordinateur et je n'y connais rien du tout.

- **to have** or **to keep one's ear to the ground**
  se tenir à l'écoute, ouvrir l'oreille

You must keep your ear to the ground and contact me if you discover anything suspicious. Ouvre l'oreille et contacte-moi si tu découvres quoi que ce soit de suspect.

Les Indiens d'Amérique sont souvent représentés l'oreille au sol en train d'estimer la position de personnes ou d'animaux.

- **to get wind of something**
  avoir vent de quelque chose

By the following week the newspapers had got wind of the affair. La semaine suivante, les journaux avaient eu vent de l'affaire.
I'm having a party on Saturday, but don't let Tom get wind of it. J'organise une petite fête samedi, mais surtout que Tom n'en sache rien.

Le vent transmet l'odeur d'un animal que l'on chasse.

- **to be in the picture**
  être au courant

I'm not really supposed to tell anyone, but I thought I'd better put you in the picture. Je ne devrais le dire à personne, mais j'ai pensé que je ferais mieux de te mettre au courant.

- **to keep abreast of something**
  se tenir au courant de quelque chose

He tried to keep abreast of developments in his profession by attending conferences. Il essayait de se tenir au courant des derniers développements dans sa profession en assistant à des colloques.

- **to have one's finger on the pulse**
  être à la pointe de l'actualité

  or **to keep one's finger to the pulse**
  se tenir au courant, suivre de près

If you want to know about the best clubs to go to, ask Robert. He's always got his finger on the pulse. Si tu veux savoir où aller en boîte, demande à Robert. Il est toujours à la page.

- **to find out** or **to see how the land lies**
  tâter le terrain

We'd better see how the land lies before we decide which side to support. On ferait mieux de tâter le terrain avant de décider à qui apporter notre soutien.

- **to put out feelers**
  tâter le terrain, poser des jalons, lancer un ballon d'essai

He had already put out feelers with local employers but they hadn't been too keen on employing a well-known trouble-maker. Il avait déjà tâté le terrain dans les entreprises du coin, mais personne ne s'était montré très enclin à embaucher un fauteur de troubles notoire.

Les **feelers** sont les antennes d'un insecte.

31. LE TRAVAIL

- **to be up to one's eyes** or **eyeballs** or **ears (in something)** (fam)
  être débordé (de travail)

I'll have to cancel the meeting. I'm up to my eyes at the moment. Je vais devoir annuler la réunion. Je suis débordé en ce moment.

I'll come over to see you next week. I'm up to my eyeballs in work till then. Je passerai vous voir la semaine prochaine. En ce moment je suis submergé de travail.

- **to work one's fingers to the bone**
  se tuer au travail ou **à la tâche**

Granny worked her fingers to the bone to pay for Mum's education. Mamie s'est tuée au travail pour payer des études à Maman.

- **to work like a dog**
  travailler comme un damné

I've been working like a dog to get this job finished. J'ai travaillé comme un damné pour terminer ce travail.

to get one's teeth into something

se mettre à fond dans quelque chose

He's working better now that he's really got his teeth into the project. Il travaille mieux maintenant qu'il s'est investi à fond dans le projet.

She needs something to get her teeth into. Elle a besoin de quelque chose qui la motive.

> On emploie le plus souvent cette expression dans un contexte de travail, lorsqu'on s'implique ou commence à travailler dur.

to keep or to have one's nose to the grindstone (fam)

travailler d'arrache-pied, sans relâche, sans répit

If we want to finish the project on time, we'll have to keep our noses to the grindstone for the next few weeks. Si nous voulons terminer ce projet à temps, il va falloir travailler sans relâche pendant les semaines à venir.

to keep somebody's nose to the grindstone

faire trimer quelqu'un

Keep your nose to the grindstone, you'll get the results you want. Travaille dur et tu obtiendras les résultats escomptés.

to pull one's weight

faire sa part du travail

If she doesn't start pulling her weight I'll have to dismiss her. Si elle ne se met pas à faire sa part du travail, je vais être obligé de la renvoyer.

Un rameur **pulls his own weight** quand l'effet de son coup d'aviron est au moins proportionnel à son poids.

- **to burn the midnight oil**
  travailler tard dans la nuit

I've got an important exam tomorrow, so I'm going to be burning the midnight oil tonight. J'ai un examen important demain, alors je vais travailler tard dans la nuit.

L'expression date du temps des lampes à huile.

- **to do the donkey work** (fam)
  faire le sale boulot

They have a couple of assistants to do the donkey work while they spend their time in meetings. Ils ont deux assistants qui font le sale boulot pendant qu'eux passent leur temps en réunion.

32. L'EFFORT

- **to sing for one's supper**
  y mettre du sien

If she comes to stay she'll have to sing for her supper – help around the house a bit. Si elle vient chez nous, ce sera donnant donnant – il faudra qu'elle donne un coup de main dans la maison.

• to be in there pitching
y mettre du sien

Sales rose dramatically this month, mainly because we were all in there pitching. Les ventes ont considérablement augmenté ce mois-ci, essentiellement parce que chacun y a mis du sien.

Cette expression est employée aux États-Unis. Au baseball, le **pitcher** (lanceur) est le joueur clé, d'où l'expression.

• to bust a gut (fam)
se décarcasser, se donner un mal de chien

I've bust a gut getting you the tickets and now you say you don't want them! Je me suis donné un mal de chien pour avoir ces billets et maintenant tu me dis que tu n'en veux plus !

Don't bust a gut, but still try to get the work done as quickly as you can. Ne te tue pas à la tâche, mais essaie quand même de faire le travail le plus vite possible.

• to put one's shoulder to the wheel
se mettre à l'oeuvre avec énergie, s'atteler à la tâche

By putting his shoulder to the wheel he managed to finish the work in a couple of hours. Il s'est attelé à la tâche, et a réussi à terminer le travail en deux heures.

• to run out of gas
être à bout de force, s'essouffler

Rick cleaned out the garage before he ran out of gas. Rick était à bout de force après avoir nettoyé le garage.

En anglais américain, une voiture qui n'a plus d'essence **runs out of gas** (abrégé de **gasoline**). Au sens figuré, **gas** désigne l'énergie : l'expression est alors employée, par exemple, à propos d'une personne ou d'une entreprise qui se montre moins dynamique.

33. LA RÉUSSITE ET L'ÉCHEC

- **to go great guns** or **to be pulling out the big guns** (US; fam)
  marcher très fort

The company is going great guns at the end of its first year. La société marche très fort à la fin de sa première année.

Le terme **great guns** désignait l'artillerie lourde par opposition aux armes légères.

- **to come up roses, to be coming up roses**
  marcher comme sur des roulettes

She was going to marry the man of her dreams, she had a successful career – everything was coming up roses. Elle allait épouser l'homme de ses rêves, elle réussissait dans sa carrière... enfin tout se passait merveilleusement bien pour elle.

- **to be cooking with gas** (fam)
  marcher très fort

They've won every game so far. They're really cooking with gas. Ils ont gagné tous les matchs jusqu'à présent. Ça marche vraiment très fort pour eux.

Selon une vieille réclame américaine, rien ne valait la cuisine au gaz.

- **to bring the house down**
  casser la baraque, faire un tabac

Her performance of the Beethoven sonata was good, but her Mozart brought the house down. Son interprétation de la sonate de Beethoven était réussie, mais c'est avec son interprétation de Mozart qu'elle a vraiment cassé la baraque.

Il s'agit d'une allusion aux applaudissements qui font trembler les murs d'une salle de spectacle.

- **to set the world alight** or **on fire**
  faire sensation

He hasn't exactly set the world on fire with his theories, has he? On ne peut pas dire que ses théories aient révolutionné le monde !

L'expression s'emploie le plus souvent à la forme négative.

to have a finger in every pie
avoir des intérêts dans de nombreuses affaires

He won't be too upset that his latest business venture has failed; he's got a finger in plenty more pies. Il ne sera pas trop affecté par l'échec de sa dernière entreprise commerciale : il a des intérêts dans de nombreuses autres affaires.

to make the grade
se montrer à la hauteur

Determination is the most important quality needed to make the grade as a sportsman. Ce dont un sportif a le plus besoin pour réussir, c'est la volonté.

Those who make the grade can then proceed to the next part of the course. Ceux qui auront atteint le niveau requis pourront passer à la deuxième partie du cours.

Le terme **grade** désigne un tronçon de voie ferrée en pente raide. Aux États-Unis, **to make the grade** se disait d'un train qui pouvait monter cette côte.

to hit or to win the jackpot
toucher le gros lot

She's hit the jackpot with her latest book. Elle a fait un malheur avec son dernier livre.

to go belly up
faire faillite

The recent recession has caused many companies to go belly up. La récession récente a conduit pas mal d'entreprises à la faillite.

- **not to stand a cat in hell's chance**

  n'avoir aucune chance

We don't stand a cat in hell's chance of finishing by 6 o'clock. Il n'y a aucune chance qu'on ait terminé avant 6 heures.

- **to bite the dust** (fam)

  mordre la poussière

All the party's candidates have bitten the dust. Tous les candidats présentés par le parti ont mordu la poussière.

- **to make a pig's ear of something**

  foirer quelque chose

I'm afraid I'll have to unpick this sewing and start again. I've made a pig's ear of it. Je crois que je vais devoir défaire ce que je viens de coudre et tout recommencer. J'ai fait un travail de cochon.

He made a pig's ear of laying the carpet. Il a posé la moquette n'importe comment.

- **to put a spanner in the works**

  tout chambouler, faire tomber à l'eau

We had our picnic all planned when a thunderstorm put a spanner in the works. On avait tout prévu pour le pique-nique jusqu'à ce qu'un orage vienne tout chambouler.

L'image est éloquente : si on laisse tomber une clef dans les rouages d'une machine, on risque de l'endommager et de l'empêcher de fonctionner.
Le sens de cette expression se rapproche du français mettre des bâtons dans les roues, mais tandis que l'expression française fait toujours référence à l'action d'une personne sur une autre, l'anglais peut également se rapporter aux conséquences d'un évènement qui vient perturber un projet.

- **to go by the board** (fam)
  être abandonné, tomber à l'eau

His resolution to stop drinking went by the board when he was given a bottle of whisky for his birthday. La promesse qu'il s'était faite d'arrêter de boire fut vite oubliée quand on lui offrit une bouteille de whisky pour son anniversaire.

Littéralement : passer par-dessus bord.

34. LA RICHESSE

- **to be made of money** (fam)
  être riche comme Crésus, être plein aux as, rouler sur l'or

She's made of money. Her father's a millionaire. Elle roule sur l'or. Son père est milliardaire.
Stop asking for sweets. I'm not made of money, you know. Arrête de réclamer des bonbons. Je ne suis pas la banque, tu sais.

- **to be rolling in money** or **in it** (fam)
  rouler sur l'or

Their business has been so successful you would expect them to be rolling in it. Leur affaire marche tellement bien qu'on s'attendrait à les voir rouler sur l'or.

- **to line one's own pockets**
  s'en mettre plein les poches

He doesn't care about the job, all he's interested in is lining his own pockets. Il se fiche pas mal de son travail, la seule chose qui l'intéresse c'est de s'en mettre plein les poches.

- **to laugh all the way to the bank** (fam)
  s'en mettre plein les poches

If you buy the shares now, when they're really cheap, you'll be laughing all the way to the bank in a few years. Si vous achetez ces actions maintenant qu'elles sont très bon marché, vous vous remplirez les poches dans quelques années.

- **to make a killing**
  s'en mettre plein les poches

We can make a killing if we take a percentage of the profits. On peut s'en mettre plein les poches si on prend un pourcentage sur les bénéfices.

- **to feather one's own nest**
  faire son beurre

Two of the men, including the chairman, were using their positions to feather their own nests. Deux des hommes, y compris le président, profitaient de leur position pour faire leur beurre.

- **to have money to burn**
  avoir de l'argent à jeter par les fenêtres

Unless you have money to burn, this expensive guitar is probably not the instrument to start learning on. À moins que tu aies de l'argent à jeter par les fenêtres, cette guitare, qui coûte cher, n'est probablement pas idéale pour débuter.

- **to spend money like water**
  jeter l'argent par les fenêtres

No wonder she's always short of cash. She spends money like water. Pas étonnant qu'elle soit toujours à court d'argent. Elle jette l'argent par les fenêtres.

- **to throw money around**
  gaspiller, jeter l'argent par les fenêtres, dépenser sans compter

We have a small income and can't afford to throw money around. Nous avons des revenus modestes et nous ne pouvons pas nous permettre de gaspiller.

- **to push the boat out** (UK)
  ne pas regarder à la dépense

They really pushed the boat out for their wedding anniversary – they went to Paris and stayed at a five-star hotel. Ils n'ont pas regardé à la dépense pour leur anniversaire de mariage : ils sont allés à Paris et sont descendus dans un hôtel cinq étoiles.

Cette expression s'utilise surtout lorsqu'il est question de festivités.

- **to make a fast** or **a quick buck**
  faire du fric

The streets were lined with traders, all trying to make a fast buck from the tourists. Les rues étaient pleines de vendeurs, qui essayaient tous de faire du fric sur le dos des touristes.

> **Buck** est un terme d'argot pour désigner un dollar. L'expression est cependant utilisée aussi bien au Royaume-Uni qu'aux États-Unis. On désigne ainsi une manière de gagner de l'argent rapidement et facilement, généralement par des moyens peu honnêtes.

- **to bring home the bacon** (fam)
  faire bouillir la marmite

Nowadays it's the woman who brings home the bacon in many households. De nos jours, ce sont les femmes qui font bouillir la marmite dans de nombreuses familles.

- **to be as poor as a church mouse**
  être pauvre comme Job

They've always been happy even though they are poor as church mice. Même s'ils sont pauvres, ils ont toujours été heureux.

- **to cost an arm and a leg** (fam)
  coûter les yeux de la tête ou **la peau des fesses**

I can't believe my television is already broken; it cost an arm and a leg. Je n'arrive pas à croire que ma télévision soit déjà cassée ; elle m'a coûté les yeux de la tête.

- **to cost the earth**
  coûter les yeux de la tête

A good joint of beef costs the earth these days. Un bon rôti de bœuf, ça coûte les yeux de la tête de nos jours.

- **to pay through the nose for something** (fam)
  payer quelque chose à un prix exorbitant

I managed to get a couple of tickets, but I had to pay through the nose for them. J'ai réussi à avoir deux billets, mais ils m'ont coûté les yeux de la tête.
The quality is very good, but you pay through the nose. C'est de la très bonne qualité mais ça coûte la peau des fesses.

- **it's daylight** or **highway robbery**
  c'est du vol

Three pounds for a cup of tea? That's daylight robbery! Trois livres pour une tasse de thé ? Mais c'est du vol !

- **it's not worth a plugged nickel** (US)
  ça ne vaut pas un clou

He told us it was an antique, but it turns out that it's not worth a plugged nickel. Il nous a dit que c'était une antiquité, mais au bout du compte, ça ne vaut pas un clou.

On désigne par **nickel** la pièce de monnaie américaine valant cinq cents.
Les faussaires avaient l'habitude de remplir l'intérieur des pièces avec un métal encore moins précieux que le nickel.

- **to be dirt cheap**
  coûter trois fois rien

This tent leaks but what do you expect, it was dirt cheap. Cette tente n'est pas étanche mais que veux-tu, elle coûtait trois fois rien.

- **not to cost a bean**
  ne rien coûter

My flat doesn't cost me a bean; my company pays for it. Mon appartement ne me coûte rien : c'est mon entreprise qui paye.

En argot, **bean** désigne l'argent (**it isn't worth a bean**, ça ne vaut pas un rond ; **I haven't a bean**, je n'ai pas un rond).
Ces expressions s'emploient toujours à la forme négative.

- **to cut corners**
  rogner sur les coûts

They cut corners by using cheaper material and within a month cracks started appearing in the walls. Ils ont rogné sur les coûts en utilisant des matériaux bon marché et, dans le mois qui a suivi, les murs ont commencé à se fissurer.

- **to go Dutch**
  faire moitié-moitié

I couldn't afford it on my own, so we went Dutch on it. Je ne pouvais pas l'acheter tout seul, alors on en a payé chacun la moitié.

36. LA SANTÉ

- **to be (as) right as rain**
  être en parfaite santé

Two days in bed and you'll be as right as rain. Deux jours au lit et tu seras complètement remis.

- **to be dog-tired**
  être vanné

I'm dog-tired. I think I'll just go to bed now. Je suis vanné. Je crois que je vais aller me coucher maintenant.

- **to feel like death warmed up** or **to feel like death**
  se sentir complètement patraque

I wish I hadn't drunk so much last night; I feel like death warmed up. Je regrette d'avoir bu autant hier soir ; je ne me sens vraiment pas dans mon assiette.

- **to be under the weather**
  ne pas être ou **ne pas se sentir dans son assiette**

  or **to feel under the weather**
  ne pas avoir l'air dans son assiette

Hi! How are you? – A bit under the weather today, I'm afraid. Salut ! Comment ça va ? – Je ne suis pas vraiment dans mon assiette aujourd'hui.

- **to be green about the gills**
  ne pas être très frais

  or **to look green about the gills**
  avoir mauvaise mine

Are you all right? You look a bit green about the gills. Ça ne va pas ? Tu n'as pas l'air tout à fait dans ton assiette.

37. LA FOLIE

- **to be out to lunch**
  débloquer

Do I take this guy seriously or is he out to lunch? Est-ce que je prends ce type au sérieux ou est-ce qu'il débloque ?

- **to have a screw loose** (fam)
  avoir une case vide ou **en moins**

Why are you shouting like that? Have you got a screw loose or something? Pourquoi est-ce que tu cries comme ça ? Tu es fou ou quoi ?

- **to lose one's marbles** (fam)
  perdre la boule

If you carry on behaving like that in public, people will think you've lost your marbles. Si tu continues à te comporter comme ça en public, les gens vont croire que tu as perdu la boule.

- **to be barking (mad)** (UK; fam)
  être complètement cinglé, être fou à lier

You sold your Ferrari for £200? You must be barking mad! Tu as vendu ta Ferrari pour 200 livres ? Tu es complètement cinglé ou quoi ?

38. LA BÊTISE

- **the lights are on but there's nobody home**
  ce n'est pas une lumière

The new guy looks a bit stupid. The lights are on, but there's nobody home. Le petit nouveau a l'air un peu abruti. Manifestement, ce n'est pas une lumière.

- **thick as two short planks**
  être bête comme ses pieds, être bête à manger du foin

Don't bother trying to explain the details to him. He's thick as two short planks. Ne t'embête pas à essayer de lui expliquer les détails. Il est bête comme ses pieds.

- **to be one sandwich short of a picnic**
  avoir une case en moins

I had to explain the same thing three times. I sometimes think she's one sandwich short of a picnic. J'ai dû lui expliquer trois fois la même chose. J'ai parfois l'impression qu'il lui manque une case.

Des variantes de cette expression apparaissent sans cesse, inventées au gré de l'imagination de chacun – tant au Royaume-Uni qu'aux États-Unis. Pour vous donner une idée de ces expressions imagées et de leur traduction mot · à · mot : **one can short of a six-pack** (*une · canette · manquant · dans · un · pack · de · six*)
several tons short of a load (*plusieurs · tonnes · manquant · à · un · chargement*)
two bricks short of a wall (*deux · briques · manquant · à · un · mur*)
a couple of clowns short of a circus (*deux · clowns · manquant · à · un · cirque*).

39. LES GAFFES

- **to blot one's copybook** (UK)
  se faire mal voir

I think I blotted my copybook with the boss when I remarked on the tediousness of the job. Je crois que je me suis fait mal voir du patron quand j'ai fait une remarque sur la monotonie du travail.

• to set the cat among the pigeons
jeter un pavé dans la mare

When he announced they were getting married, that really set the cat among the pigeons. Quand il a annoncé qu'ils allaient se marier, ça a eu l'effet d'une bombe.

On emploie cette expression lorsque quelqu'un entraîne la confusion ou l'embarras en disant ou faisant quelque chose.

• to be all fingers and thumbs or to be all thumbs
avoir deux mains gauches, perdre ses moyens

I can't do this with you watching me. It makes me nervous and I'm all thumbs. Je ne peux pas le faire si tu me regardes. Ça me rend nerveux et je perds tous mes moyens.

• to have egg on one's face
se couvrir de ridicule

I didn't follow his advice, and I ended up with egg on my face. Je n'ai pas suivi ses conseils et je me suis couvert de ridicule.

• to put one's foot in it or in one's mouth (fam)
gaffer, faire une gaffe

I really put my foot in it there; why didn't you tell me they'd split up? Là alors, j'ai vraiment gaffé ; pourquoi ne m'as-tu pas dit qu'ils n'étaient plus ensemble ?

40. LES DIFFICULTÉS

- **a hard** or **a tough nut to crack** (fam)
  compliqué, un problème difficile à résoudre

We need to increase sales by 200% next year; it really is a hard nut to crack. Nous devons augmenter les ventes de 200 % d'ici à l'année prochaine ; c'est loin d'être évident.

She's a hard nut to crack. Elle n'est pas commode.

- **a dog's life**
  une vie de chien

She's had a dog's life for years with the way her husband treated her; no wonder she's left him. Elle a eu une vie de chien, traitée comme elle l'a été par son mari – pas étonnant qu'elle l'ait quitté.

- **that's the way the cookie crumbles** or **the ball bounces**
  c'est la vie !

Hey, that's the way the cookie crumbles. You can't always win, you know. Hé, c'est la vie ! Tu sais, tu ne peux pas toujours gagner.

Lorsqu'on casse un cookie en morceaux, on ne sait jamais comment il va s'émietter. On emploie cette formule quand quelque chose s'est mal passé ou que l'on apprend une mauvaise nouvelle.

- **no bed of roses** or **life's not a bed of roses** or **life's not all roses**
  ne pas être tout rose

It's no bed of roses teaching in a secondary school. Ce n'est pas tous les jours facile d'enseigner dans le secondaire.

Life's no bed of roses, you know. Tu sais, la vie n'est pas toujours rose.

- **teething troubles**
  des débuts difficiles

We had a lot of teething troubles in the first year, but things are working well now. Nous avons eu beaucoup de difficultés pour commencer la première année, mais maintenant ça marche bien.

> Pour désigner les difficultés initiales qu'une personne ou une entreprise peut rencontrer (dans un projet, une nouvelle activité, etc.), l'expression évoque les douleurs subies par les bébés qui « font leurs dents ».

- **to go to hell and back**
  connaître des moments très difficiles (mais s'en sortir)

Every one of these refugees has been to hell and back. Chacun de ces réfugiés a vécu des horreurs mais a réussi à s'en sortir.

- **to tie oneself** or **to get tied up in knots** (fam)
  s'emmêler les pinceaux

I tied myself in knots trying to explain how the computer system works. Je me suis emmêlé les pinceaux en essayant d'expliquer le fonctionnement du système informatique.

- **there's not enough room to swing a cat**

  il n'y a pas la place de se retourner

There isn't enough room to swing a cat in that bedroom! Il n'y a même pas la place de se retourner dans cette chambre !

Les anglophones l'ignorent généralement mais en fait, **cat** ne désigne pas ici l'animal. C'est une contraction de **cat-o'-nine-tails**, un fouet à neuf lanières (**tails**) de cuir.

- **out of the frying pan into the fire**

  tomber de Charybde en Scylla

His new job is even worse than his old one, so it's been "out of the frying pan into the fire", unfortunately. Malheureusement les choses ne s'arrangent pas pour lui : son nouvel emploi est encore pire que le précédent.

L'expression anglaise s'utilise beaucoup plus fréquemment que sa traduction habituelle tomber de Charybde en Scylla.

- **a hot potato** (fam)

  un sujet brûlant, un sujet délicat

The issue of asylum seekers has become a political hot potato. La question des demandeurs d'asile est l'un des sujets brûlants du moment dans le monde politique.

Une patate chaude, traduction littérale de l'expression anglaise, se rencontre de plus en plus fréquemment dans les médias français.

- **to leave someone holding the baby** (UK)
  refiler le bébé à quelqu'un

Everyone else working on the project has resigned, so now I'm left holding the baby. Tous ceux qui travaillaient sur ce projet ont démissionné, je dois donc me débrouiller tout seul.

41. LES ENNUIS

- **to go to the dogs**
  mal tourner, aller à la débandade

The country's gone to the dogs since the new Government took over. Le pays part à la débandade depuis que le nouveau gouvernement est arrivé au pouvoir.

On donne ainsi à manger aux chiens ce dont on ne veut pas – restes, os, etc. La traduction varie selon qu'il s'agit d'une personne, d'un endroit, d'une entreprise, d'un pays, etc. : mal tourner, ne plus rien valoir, aller à la ruine ou à la débandade, courir à sa perte...

- **to go** or **to be put through the mill**
  en voir de toutes les couleurs, en baver

It sounds like you were really put through the mill at your interview. D'après ce que tu me dis, ils t'ont mené la vie dure à l'entretien.
They've been through the mill with that son of theirs. Leur fils leur en a fait voir de toutes les couleurs.

L'image est celle du grain écrasé par la meule du moulin.

- **to paint oneself into a corner**
  se mettre dans une impasse

He painted himself into a corner when he said there would be no new tax increases. Il ne s'est laissé aucune marge de manœuvre en promettant qu'il n'y aurait pas de nouveaux impôts.

- **to get into hot water**
  s'attirer des ennuis

Their latest prank got them into hot water. Leur dernière farce leur a attiré des ennuis.

- **to be up the creek without a paddle**
  être dans le pétrin

If we don't sell the house by March, we'll be up the creek without a paddle. Si on ne vend pas la maison avant mars, on sera vraiment dans le pétrin.

L'image employée est expressive : le rameur qui se retrouve sans pagaie dans une rivière en proie aux courants est dans une bien mauvaise passe. Souvent, on omet la fin de l'expression (sous-entendue).

- **to be in deep water**
  être dans le pétrin

When she saw the policeman at the door she knew she was in deep water. Quand elle a vu le policier à sa porte, elle a compris qu'elle était dans le pétrin.

- **to be out of one's depth**
  être dépassé, ne plus avoir pied

I think she's a bit out of her depth in her new job. Je crois qu'elle est un peu dépassée dans son nouveau travail.

- **to shoot oneself in the foot** (fam)
  agir contre son propre intérêt, se porter tort à soi-même

The presidential candidate shot himself in the foot with that comment. Le candidat à la présidence s'est fait du tort avec cette remarque.

By offering such a limited range of models the company has effectively shot itself in the foot. La compagnie est allée contre ses intérêts en offrant une gamme de produits aussi limitée.

- **to score an own goal**
  se faire du tort à soi-même

The president scored an own goal when he sacked his most popular Minister. Le président s'est fait du tort en limogeant le plus populaire de ses ministres.

- **to cut off one's nose to spite one's face**
  se faire du tort en voulant se venger

If he resigns he'll only be cutting off his nose to spite his face. The boss couldn't care less what he does. S'il démissionne, il ne fera de tort qu'à lui-même. Le patron se fiche pas mal qu'il reste ou qu'il s'en aille.

- **to pull the rug from under somebody's feet**
  faire capoter les projets de quelqu'un

The banks rather pulled the rug from under my feet when they refused me a loan just as I was about to start up the business. Les banques m'ont soudain laissé tomber en refusant de m'accorder un prêt juste au moment où j'allais démarrer mon affaire.

- **to cook someone's goose** (fam)
  couler quelqu'un

This time you've cooked your goose with the boss. Cette fois-ci, tu t'es grillé auprès du patron.

Her goose was cooked when a witness picked her out of the line-up. Son compte était bon quand un témoin l'a reconnue à la séance d'identification.

- **to be an albatross around one's neck**
  être un boulet pour quelqu'un

The issue has become an albatross round the Government's neck. Ce problème est devenu un vrai boulet pour le gouvernement.

Dans le poème de Coleridge *The Rime of the Ancient Mariner* (« La Chanson du vieux marin »), le mauvais sort s'abat sur un navire après qu'un marin a abattu un albatros. L'équipage force alors le coupable à porter l'oiseau mort autour du cou.

42. LES RELATIONS

- **to make a pass at someone**
  draguer quelqu'un, faire des avances à quelqu'un

He was reprimanded for making a pass at one of his students. Il a reçu un blâme pour avoir fait des avances à l'une de ses étudiantes.

- **to play the field** (fam)
  papillonner, avoir de nombreuses aventures amoureuses

He says he wants to play the field before he settles down. Il dit qu'il veut sortir avec autant de filles que possible avant de se ranger.

- **to sow one's wild oats** (fam)
  jeter sa gourme, faire des frasques

When young he did sow his wild oats, but he's a respected solicitor now. Il a fait des frasques dans sa jeunesse, mais maintenant c'est un avocat respecté.

Littéralement : semer de la folle avoine. L'attitude du jeune débauché est comparée à celle du semeur sot semant un grain qui ne produira que de mauvaises herbes.

- ### to get one's oats (UK; fam)
  prendre son pied, avoir son compte sur le plan sexuel

His wife's away for a fortnight, so he's not getting his oats. Sa femme est partie pour quinze jours, alors il est contraint à l'abstinence.

- ### to tie the knot (fam)
  se marier

We met four years ago, and we tied the knot last June. Nous nous sommes rencontrés il y a quatre ans et nous nous sommes mariés en juin dernier.

- ### to take the plunge
  se marier

I like him a lot, but I'm not ready yet to take the plunge. Je l'aime beaucoup, mais je ne suis pas encore prête à me marier.

- ### to have been left on the shelf (UK)
  être en passe de devenir vieille fille, rester vieille fille

You're not young any more, Doris. If you don't find a man soon, you'll be left on the shelf. Tu n'es plus de la première jeunesse, Doris. Si tu ne te dépêches pas de trouver un homme, tu vas rester vieille fille.

43. LA PAROLE

- **to chew the fat** (fam)
  tailler une bavette

We were chewing the fat, telling stories about peculiar things that had happened to us. On papotait, on se racontait les choses incongrues qui nous étaient arrivées.

- **to shoot the breeze** (US; fam)
  faire la causette, papoter

The two shop assistants stood shooting the breeze while the line slowly grew in front of them. Les deux vendeurs étaient là à faire la causette alors qu'il y avait de plus en plus de clients à servir.

- **to pass the time of day**
  bavarder

I always pass the time of day with my neighbours if we meet in the street. Je bavarde toujours avec mes voisins quand je les rencontre dans la rue.

- **to talk nineteen to the dozen** (UK; fam)
  être un vrai moulin à paroles

She talks nineteen to the dozen if you let her. Si on la laisse faire, elle n'arrête pas de parler.

- **to talk the hind leg(s) off a donkey** (fam)
  être un vrai moulin à paroles, être bavard comme une pie

Don't get into conversation with her – she can talk the hind legs off a donkey! N'engage pas la conversation avec elle, c'est un vrai moulin à paroles !

- **to shoot one's mouth off** (fam)
  ouvrir le bec ou **sa grande gueule, l'ouvrir**

Don't go shooting your mouth off about these cheap shares, or everyone will want some. Ne parlez à personne de ces actions bon marché, autrement tout le monde en voudra.

I told him not to tell anyone but he had to go and shoot his mouth off. Je lui avais dit de n'en parler à personne, mais il a fallu qu'il l'ouvre.

- **to go down like a lead balloon**
  tomber à plat

His sexist jokes went down like a lead balloon. Ses blagues sexistes sont complètement tombées à plat.

> Outre son sens premier de descendre, **go down (well/badly)** a le sens d'être (bien/mal) reçu. Par analogie avec un ballon de plomb qui ne retomberait pas avec la même grâce qu'un ballon de baudruche, une blague, une remarque, une suggestion sont ainsi qualifiées lorsqu'elles ne rencontrent pas l'accueil escompté ou paraissent singulièrement malvenues.

- **to bend someone's ear** (fam)
  pomper l'air à quelqu'un (en lui parlant), lui casser les oreilles

Whenever I meet her, she bends my ear about how things have changed since the good old days. Chaque fois que je la vois, elle me pompe l'air en me racontant combien les choses ont changé depuis le bon vieux temps.

- **to put a sock in it** (UK; fam)
  la boucler, la fermer

Put a sock in it, you kids! I'm trying to listen to the radio. Bouclez-la, les enfants ! J'essaie d'écouter la radio.

- **to talk through one's hat**
  parler à tort et à travers

Most politicians talk through their hats. La plupart des hommes politiques parlent à tort et à travers.

- **to take the floor**
  prendre la parole

I'm now going to call upon our next speaker to take the floor. Je vais maintenant céder la parole à notre prochain intervenant.

- **to spin a yarn**
  raconter une histoire à dormir debout

Don't try spinning some yarn about being ill. I know why you really didn't come. Ne me raconte pas que tu étais malade. Je sais très bien pourquoi tu n'es pas venu.

- **to be all mouth and no trousers** (UK; fam)
  être une grande gueule

Don't expect him to actually help you, though. He's all mouth and no trousers. Ne compte pas sur lui pour t'aider. Il parle beaucoup mais il ne fait rien.

44. LES SECRETS ET LES CONFIDENCES

- **to be in on something**
  être au courant de quelque chose

He's in on the secret. Il est dans le secret.

- **between you, me and the gatepost**
  entre nous

Between you, me and the gatepost, I think she's having an affair. Entre nous, je crois qu'elle trompe son mari.

- **mum's the word** (fam)
  motus et bouche cousue

If Mark finds out he'll go mad. So mum's the word, all right? Si Mark l'apprend, il va être fou de colère. Alors motus et bouche cousue, d'accord ?

- **to keep something under one's hat** (fam)
  garder quelque chose pour soi

She's a terrible gossip and can't keep anything under her hat for long. C'est une commère incorrigible ; elle ne peut jamais rien garder pour elle très longtemps.

- **to keep something under wraps**
  garder quelque chose secret

He's keeping his latest invention under wraps for the time being. Il garde sa dernière invention secrète pour le moment.

- **to spill the beans** (fam)
  révéler un secret

They kept asking him what he was looking so smug about, but he wouldn't spill the beans. Ils n'arrêtaient pas de lui demander pourquoi il avait l'air si content de lui, mais il refusait de répondre.

Come on, spill the beans. Who were you out with last night? Allez, accouche ! Avec qui es-tu sorti hier soir ?

> Il faut noter que l'expression anglaise ne signifie pas nécessairement trahir un secret et qu'elle n'est donc pas l'équivalent exact de vendre la mèche.

- **to let the cat out of the bag**
  laisser échapper quelque chose

Someone let the cat out of the bag and Mum and Dad found out about the party. Ça a dû échapper à quelqu'un – résultat, Papa et Maman sont au courant pour la fête.

45. L'IDÉALISME ET LES CHIMÈRES

- **to put** or **to set the world to rights**
  refaire le monde

Many young people dream of setting the world to rights. Beaucoup de jeunes rêvent de refaire le monde.

- **to live in cloud-cuckoo-land** (fam)
  ne pas avoir les pieds sur terre, ne pas avoir le sens des réalités

It's always going to be like that here, and anyone who thinks differently is living in cloud-cuckoo-land. Ce sera toujours comme ça ici, et ceux qui pensent autrement n'ont pas les pieds sur terre.

She's living in cloud-cuckoo-land if she thinks he's going to marry her. Elle se fait vraiment des illusions si elle s'imagine qu'il va l'épouser.

Dans la comédie d'Aristophane *Les Oiseaux* (414 av. J.-C.), « Cloud-Cuckoo-Land » est l'adaptation anglaise de la ville Néphélococcygie (en français, « Coucouville-les-Nuées »), une ville aérienne fondée entre ciel et terre par les oiseaux pour faire obstacle aux relations entre les hommes et les dieux de l'Olympe.

- **to live in a fool's paradise**
  rêver, se bercer d'illusions

If you think you can have two girlfriends and keep them both happy, you're living in a fool's paradise. Si tu crois que tu peux avoir deux copines à la fois sans t'attirer d'ennuis, tu te fais des illusions.

- **to build castles in the air** or **in Spain**
  bâtir des châteaux en Espagne

Unless she knows that she's got the promotion, all her plans are just castles in the air. À moins qu'elle soit sûre d'être promue, tous ses projets ne sont que des châteaux en Espagne.

- **to be pie in the sky** (fam)

  relever de l'utopie

It's all very fine to say poverty should be eradicated, but we all know that's pie in the sky. C'est bien joli de dire que l'on doit éliminer la pauvreté, mais nous savons tous que ça relève de l'utopie.

All his promises are pie in the sky. Tout ce qu'il dit, ce ne sont que des promesses en l'air.

Il s'agit d'une formule extraite d'une chanson américaine datant de 1906. La chanson disait « **you'll get pie in the sky when you die** » (« quand tu seras au ciel, tu auras droit à de la tarte »).

- **not to have a leg to stand on**

  ne pas tenir debout

There are so many people prepared to testify against him that he really doesn't have a leg to stand on. Il y a tellement de gens prêts à témoigner contre lui qu'il n'a aucune chance.

- **to tilt at windmills**

  se battre contre des moulins à vent

The party spends too much time tilting at windmills instead of concentrating on what is really wrong with the country. Le parti passe trop de temps à se battre contre des moulins à vent au lieu de se concentrer sur les maux réels du pays.

- **to tan someone's hide** (fam)
  tanner le cuir à quelqu'un

If I find you out of bed again I'll tan your hide. Si tu sors encore de ton lit, tu auras affaire à moi.

- **to put the boot in** (fam)
  donner des coups de pied (sens propre)

Those thugs really put the boot in; he's had to be taken to hospital. Ces voyous l'ont bourré de coups de pied ; il s'est retrouvé à l'hôpital.

ou **remuer le couteau dans la plaie** (sens figuré)

You didn't need to put the boot in like that; you could see she was in a bad way already. Tu n'avais pas à remuer le couteau dans la plaie comme ça ; tu voyais bien que ça n'allait déjà pas.

- **to settle someone's hash** (fam)
  régler son compte à quelqu'un

The bouncers arrived on the scene and soon settled his hash. Les videurs sont arrivés et ont eu vite fait de lui régler son compte.

- **to fight tooth and nail**
  se battre bec et ongles

I'll fight tooth and nail to keep the school open. Je me battrai bec et ongles pour que l'école reste ouverte.

- **to beat** or **to knock the living daylights out of someone** (fam)
  tabasser quelqu'un

If I ever catch the person who did this to you, I'll beat the living daylights out of them. Si jamais j'attrape celui qui t'a fait ça, je le démolis.

- **to make mincemeat (out) of someone** (fam)
  démolir, ne faire qu'une bouchée de quelqu'un

The boxing champion made mincemeat of his opponent. Le champion de boxe n'a fait qu'une bouchée de son adversaire.
The prosecuting counsel made mincemeat of his testimony. Le procureur a démoli son témoignage.

- **to have someone's guts for garters** (UK; fam)
  tordre le cou à quelqu'un, massacrer quelqu'un, en faire de la chair à pâté

If you breathe a word about this to anyone I'll have your guts for garters. Si tu souffles mot de ce que je t'ai dit à qui que ce soit, je te tords le cou.

47. LA MORT

- **to be on one's last legs**
  être sur sa fin

I'm afraid your car is on its last legs. Je crois que votre voiture ne va pas tarder à vous lâcher.

The regime is on its last legs. Le régime est au bord de l'effondrement.

Le sens et la traduction de cette expression varient selon qu'il s'agit d'une personne (épuisée ou mourante), d'une chose (chaussure usée jusqu'à la semelle, voiture bientôt bonne pour la casse) ou encore d'un régime politique qui vit ses derniers jours.

- **to kick the bucket** (fam)
  casser sa pipe, y passer

Honestly, I was so ill, I thought I was going to kick the bucket. Franchement, j'étais tellement malade que j'ai cru que j'allais y passer.

- **to pop one's clogs** (UK; fam)
  casser sa pipe, passer l'arme à gauche

I've started thinking about my will, though I don't intend to pop my clogs for a few years yet. J'ai commencé à penser à mon testament, bien que je n'aie pas l'intention de casser ma pipe avant quelques années.

- **to be pushing up the daisies** (fam)
  manger les pissenlits par la racine, être mort et enterré

If you don't drive more carefully you'll soon be pushing up the daisies. Si tu ne conduis pas plus prudemment, tu vas te retrouver au cimetière.

He's been pushing up the daisies for about five years now. Ça fait cinq ans qu'il est mort et enterré.

- **to be as dead as a doornail** or **a dodo** (fam)
  être mort et bien mort

It's not surprising he doesn't answer his fans' letters; he's been dead as a doornail for thirty years now. Pas étonnant qu'il ne réponde pas aux lettres de ses fans : ça fait trente ans qu'il est mort et enterré.

No wonder it doesn't work; the batteries are dead as a dodo. Pas étonnant que ça ne marche pas : les piles sont complètement mortes.

Crédits photographiques

Imprimé en Espagne par Unigraf S.L.
Dépôt légal : mars 2018 – 320774
N° de projet : 11037007 – février 2018